575

みんなの俳句がいっぱい！

学校歳時記

❷春の季語

監修
筑波大学附属小学校
白坂洋一

協力
現代俳句協会
秋尾敏

夏井いつき
（選・鑑賞）

はじめに

四季《しき》を通《とお》して、わたしたちは自然《しぜん》とともに生活《せいかつ》しています。この『みんなの俳句《はいく》がいっぱい！　学校歳時記《がっこうさいじき》』には、学校《がっこう》での生活《せいかつ》を中心《ちゅうしん》とした一《いち》年間《ねんかん》の行事《ぎょうじ》や自然《しぜん》の様子《ようす》などをまとめています。季節《きせつ》の移《うつ》り変《か》わりとともにわたしたちが感《かん》じる心《こころ》、さらには、くらしの知恵《ちえ》がつまっていると言《い》っていいでしょう。

この本《ほん》には、俳句《はいく》において季節《きせつ》を表《あらわ》す言葉《ことば》である「季語《きご》」だけでなく、実際《じっさい》に小学生《しょうがくせい》の子《こ》どもたちがつくった俳句《はいく》も数多《かずおお》く紹介《しょうかい》しています。みなさんが俳句《はいく》を創作《そうさく》するとき、この歳時記《さいじき》を参考《さんこう》にしてみるのもよいでしょう。ページをめくるたびに、「これって春《はる》の季語《きご》なんだ！」「これも季節《きせつ》を表《あらわ》す言葉《ことば》なの？」とおどろきや発見《はっけん》があるかもしれません。そして、日本《にほん》語《ご》の豊《ゆた》かさに感動《かんどう》を覚《おぼ》えることでしょう。

あなたの「おどろきや発見《はっけん》」は「感動《かんどう》」へとつながっていくのです。

さあ、みなさんも『みんなの俳句《はいく》がいっぱい！　学校歳時記《がっこうさいじき》』のページをめくって、俳句《はいく》の世界《せかい》へ飛《と》びこみましょう！

筑波大学附属小学校《つくばだいがくふぞくしょうがっこう》　白坂洋一《しらさかよういち》

この本《ほん》によく出《で》てくる言葉《ことば》について

二十四節気《にじゅうしせっき》

旧暦《きゅうれき》を用《もち》いていた時代《じだい》に使《つか》われた季節区分《きせつくぶん》のひとつ。地球《ちきゅう》から見《み》た太陽《たいよう》の通《とお》り道《みち》を黄道《こうどう》といい、太陽《たいよう》が黄道《こうどう》のどの位置《いち》にあるかによって、二十四《にじゅうよん》の季節《きせつ》に分《わ》けたもの。

※二十四節気《にじゅうしせっき》については、1巻《かん》でくわしく説明《せつめい》しています。

旧暦《きゅうれき》

明治時代《めいじじだい》の初《はじ》めまで使《つか》われていた昔《むかし》の暦《こよみ》。月《つき》の満《み》ち欠《か》けで一月《ひとつき》の長《なが》さを決《き》めていたので、毎年《まいとし》、暦《こよみ》と実際《じっさい》の季節《きせつ》がずれていった。そこで数年《すうねん》に一度《いちど》、うるう月《づき》を入《い》れ、一年《いちねん》を十三《じゅうさん》か月《げつ》とし、調整《ちょうせい》していた。旧暦《きゅうれき》と現在《げんざい》の暦《こよみ》は、約一《やくいっ》か月《げつ》ほどずれている。

この本《ほん》の使《つか》い方《かた》

この本《ほん》では、春《はる》の季語《きご》を「春《はる》の思《おも》い出《で》」「くらし・たべもの」「生《い》きもの」「おてんき」「おもしろい言葉《ことば》」の5章《しょう》に分《わ》けて紹介《しょうかい》しています。

季語《きご》（見出《みだ》し）

季語《きご》とその意味《いみ》を解説《かいせつ》しています。

こんな季語《きご》もあるよ

見出《みだ》しの季語《きご》に関連《かんれん》する、ほかの季語《きご》を紹介《しょうかい》しています。

例句《れいく》

季語《きご》を使《つか》った俳句《はいく》を紹介《しょうかい》しています。

みんなの俳句《はいく》

小学生《しょうがくせい》、中学生《ちゅうがくせい》がつくった俳句《はいく》を紹介《しょうかい》しています。読《よ》んで楽《たの》しむのはもちろん、俳句《はいく》づくりの参考《さんこう》にもなります。

時期《じき》のアイコン

春《はる》を「初春《しょしゅん》」「仲春《ちゅうしゅん》」「晩春《ばんしゅん》」「三春《さんしゅん》」の4つに分《わ》けて、どの時期《じき》の季語《きご》かを示《しめ》しています。

- 初 → 初春《しょしゅん》（立春《りっしゅん》から啓蟄《けいちつ》の前日《ぜんじつ》まで）
- 仲 → 仲春《ちゅうしゅん》（啓蟄《けいちつ》から清明《せいめい》の前日《ぜんじつ》まで）
- 晩 → 晩春《ばんしゅん》（清明《せいめい》から立夏《りっか》の前日《ぜんじつ》まで）
- 三 → 三春《さんしゅん》（春全体《はるぜんたい》）

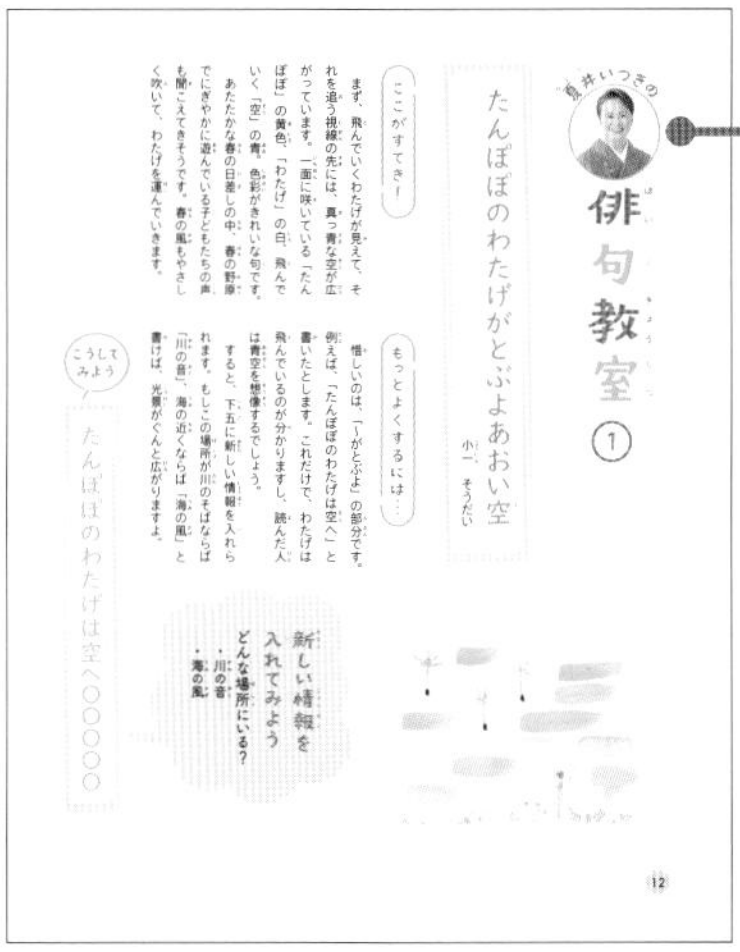

夏井先生《なついせんせい》の俳句教室《はいくきょうしつ》

章末《しょうまつ》には俳人《はいじん》・夏井《なつい》いつき先生《せんせい》が、子《こ》どもがつくった俳句《はいく》にアドバイスするページを設《もう》けています。俳句《はいく》づくりのヒントを知《し》ることができます。

もくじ

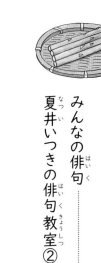

1章《しょう》

春《はる》の思《おも》い出《で》

卒業《そつぎょう》

仲

学校《がっこう》での学習《がくしゅう》をすべて終《お》えたことをお祝《いわ》いし、学校《がっこう》とお別《わか》れすること。友《とも》だちや先生《せんせい》、通《かよ》い慣《な》れた学校《がっこう》との別《わか》れはさびしいが、新《あたら》しい未来《みらい》へ進《すす》むうれしい日《ひ》でもある。

こんな季語《きご》もあるよ

卒業式《そつぎょうしき》　卒業生《そつぎょうせい》　卒業証書《そつぎょうしょうしょ》
卒業歌《そつぎょうか》　卒業期《そつぎょうき》　卒園《そつえん》

卒業式《そつぎょうしき》見《み》えないバトンわたされる
小六《しょうろく》　関本圭吾

教科書《きょうかしょ》の破《やぶ》れた表紙《ひょうし》卒業式《そつぎょうしき》
中一《ちゅういち》　栗田三重子

入学《にゅうがく》

晩

新《あたら》しい学校生活《がっこうせいかつ》のスタート。楽《たの》しみと少《すこ》しの不安《ふあん》で胸《むね》がいっぱいだが、友《とも》だちや先生《せんせい》との出会《であ》いが待《ま》っている。日《に》本《ほん》の学校《がっこう》は四月《しがつ》に新年度《しんねんど》をむかえるので、春《はる》の季語《きご》になっているが、世界《せかい》の多《おお》くの国《くに》では、九月《くがつ》に学校《がっこう》の新年度《しんねんど》が始《はじ》まる。

こんな季語《きご》もあるよ

入学式《にゅうがくしき》　新入生《しんにゅうせい》　進学《しんがく》　入園《にゅうえん》

入学式小《にゅうがくしきちい》さな緊張《きんちょう》ほほぴりり
小六《しょうろく》　関川美智子

入学《にゅうがく》しキラキラかがやくランドセル
小五《しょうご》　愛美

入学試験《にゅうがくしけん》

仲

高校《こうこう》や大学《だいがく》のほか、小《しょう》・中学校《ちゅうがっこう》に入学《にゅうがく》するための試験《しけん》のこと。行《い》きたい学校《がっこう》に入学《にゅうがく》するために、一生《いっしょう》けん命勉強《めいべんきょう》にはげむ。その結果《けっか》、試験《しけん》に受《う》かったというれしい言葉《ことば》の「合格《ごうかく》」も、試験《しけん》に落《お》ちた残念《ざんねん》な言葉《ことば》の「不合格《ふごうかく》」も春《はる》の季語《きご》。どちらの結果《けっか》でもがんばったことには変《か》わりはない。自信《じしん》をもって、次《つぎ》の目標《もくひょう》に向《む》かって進《すす》むことが大切《たいせつ》である。

こんな季語《きご》もあるよ

受験《じゅけん》　受験生《じゅけんせい》　進級試験《しんきゅうしけん》　卒業試験《そつぎょうしけん》
合格《ごうかく》　不合格《ふごうかく》

納豆《なっとう》のねばりのように受験《じゅけん》する

中一《ちゅういち》　萩野咲希

エープリルフール

仲

四月一日《しがつついたち》の午前中《ごぜんちゅう》は、かるいうそをついてもゆるされること、また、そのうそにだまされた人《ひと》のことをいう。世界各地《せかいかくち》に伝《つた》えられている風習《ふうしゅう》。

こんな季語《きご》もあるよ

四月馬鹿《しがつばか》

だましたらだまされ私《わたし》も四月馬鹿《しがつばか》

小六《しょうろく》　りん

春休《はるやす》み

仲

三月《さんがつ》、一学年《いちがくねん》が終《お》わり、四月《しがつ》の新学期《しんがっき》が始《はじ》まるまでの休《やす》み。一年間《いちねんかん》が終《お》わったホッとした気持《きも》ちと、新学期《しんがっき》へのドキドキがいっぱいの時期《じき》。

僕《ぼく》の空雲《そらくも》ひとつない春休《はるやす》み

中一《ちゅういち》　柄澤涼介

遠足《えんそく》

晩

学校《がっこう》の行事《ぎょうじ》のひとつで、日帰《ひがえ》りで遠《とお》くへ出《で》かけること。すごしやすい春《はる》におこなわれることが多《おお》い。自《し》然《ぜん》や芸術文化《げいじゅつぶんか》に親《した》しみながら、新《あたら》しい友《とも》だちとの絆《きずな》を深《ふか》める。おやつを買《か》いに行《い》ったり、お弁当《べんとう》のおかずをおうちの人《ひと》と相談《そうだん》したり、準備《じゅんび》も楽《たの》しい。

こんな季語《きご》もあるよ

ピクニック　ハイキング　野遊《のあそ》び

遠足《えんそく》でぼくのおにぎりぼうけんだ

小一《しょういち》　れんれん

ひなまつり

仲

三月三日《さんがつみっか》、女《おんな》の子《こ》の成長《せいちょう》としあわせを願《ねが》う行事《ぎょうじ》。「桃《もも》の節句《せっく》」ともいう。起源《きげん》は、紙《かみ》の人形《ひとがた》で体《からだ》をなでてけがれを移《うつ》し、それを川《かわ》に流《なが》すというおはらいの行事《ぎょうじ》。その行事《ぎょうじ》と、貴族《きぞく》の人形遊《にんぎょうあそ》びであるひな遊《あそ》びが結《むす》びついたものだといわれている。

こんな季語《きご》もあるよ

桃《もも》の節句《せっく》　ひな人形《にんぎょう》　ひなかざり　女《め》びな　男《お》びな
白酒《しろざけ》　ひしもち　ひなあられ　ひなかざる　初《はつ》びな

おひなさま絶対《ぜったい》負《ま》けないにらめっこ

中三《ちゅうさん》　桜木春奈

バレンタインデー

初

二月十四日《にがつじゅうよっか》。日本《にほん》では、好《す》きな人《ひと》へチョコレートをわたし、気持《きも》ちを伝《つた》える日《ひ》として、広《ひろ》まった。現在《げんざい》は、友《とも》だちや親《した》しい人《ひと》へチョコレートやプレゼントをおくることも増《ふ》えた。

雨《あめ》あがるバレンタインの帰《かえ》り道《みち》

小五《しょうご》　あお

ゴールデンウィーク

晩

四月《しがつ》の終《お》わりから五月《ごがつ》の初《はじ》めにかけて、祝日《しゅくじつ》の多《おお》い期間《きかん》のこと。昭和《しょうわ》の日《ひ》、憲法記念日《けんぽうきねんび》、みどりの日《ひ》、こどもの日《ひ》などがある。友《とも》だちや家族《かぞく》と遠《とお》くへ出《で》かけるのも楽《たの》しい。

こんな季語《きご》もあるよ

黄金週間《おうごんしゅうかん》

再会《さいかい》し空《そら》晴《は》れわたる黄金週間《おうごんしゅうかん》

中三《ちゅうさん》　いちな

みんなの俳句

さくらはね入学式《にゅうがくしき》の合図《あいず》だよ
小五《しょうご》　塚原悠太

ブカブカの制服《せいふく》ひかる春《はる》の空《そら》
小六《しょうろく》　春乃ひまり

桜《さくら》舞《ま》うそんな気分《きぶん》で初登校《はつとうこう》
小六《しょうろく》　小栗花世

春《はる》一番《いちばん》駅《えき》まで背中《せなか》を押《お》してゆく
小六《しょうろく》　佐藤海月

見《み》つけたよ若草《わかくさ》とぼく二年生《にねんせい》
小二《しょうに》　もんじ

夏井《なつい》いつきの

俳《はい》句《く》教《きょう》室《しつ》①

たんぽぽのわたげがとぶよあおい空《そら》
小一《しょういち》　そうだい

ここがすてき！

まず、飛《と》んでいくわたげが見《み》えて、それを追《お》う視線《しせん》の先《さき》には、真《ま》っ青《さお》な空《そら》が広《ひろ》がっています。一面《いちめん》に咲《さ》いている「たんぽぽ」の黄色《きいろ》、「わたげ」の白《しろ》、飛《と》んでいく「空《そら》」の青《あお》。色彩《しきさい》がきれいな句《く》です。

あたたかな春《はる》の日差《ひざ》しの中《なか》、春《はる》の野原《のはら》でにぎやかに遊《あそ》んでいる子《こ》どもたちの声《こえ》も聞《き》こえてきそうです。春《はる》の風《かぜ》もやさしく吹《ふ》いて、わたげを運《はこ》んでいきます。

もっとよくするには…

惜《お》しいのは、「〜がとぶよ」の部分《ぶぶん》です。例《たと》えば、「たんぽぽのわたげは空《そら》へ」と書《か》いたとします。これだけで、わたげは飛《と》んでいるのが分《わ》かりますし、読《よ》んだ人《ひと》は青空《あおぞら》を想像《そうぞう》するでしょう。

すると、下五《しもご》に新《あたら》しい情報《じょうほう》を入《い》れられます。もしこの場所《ばしょ》が川《かわ》のそばならば「川《かわ》の音《おと》」、海《うみ》の近《ちか》くならば「海《うみ》の風《かぜ》」と書《か》けば、光景《こうけい》がぐんと広《ひろ》がりますよ。

こうしてみよう

たんぽぽのわたげは空《そら》へ○○○○○

新《あたら》しい情報《じょうほう》を入《い》れてみよう

どんな場所《ばしょ》にいる？

- 川《かわ》の音《おと》
- 海《うみ》の風《かぜ》

2章《しょう》

くらし・たべもの

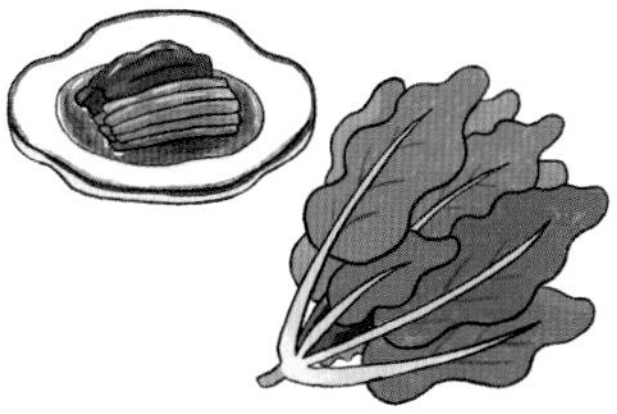

ぶらんこ

三

昔《むかし》の中国《ちゅうごく》で、春《はる》にぶらんこを楽《たの》しむ行事《ぎょうじ》があったことから、春《はる》の季語《きご》になったといわれている。春《はる》は寒《さむ》さから解放《かいほう》されて外《そと》で元気《げんき》に遊《あそ》ぶことができる楽《たの》しい季節《きせつ》。ぶらんこを思《おも》いきりこぐと、春《はる》の風《かぜ》を体《からだ》いっぱいに感《かん》じられる。

ふらんどや桜《さくら》の花《はな》をもちながら

小林一茶《こばやしいっさ》

しゃぼん玉《だま》

三

せっけん水《すい》をストローなどの先《さき》につけて吹《ふ》く遊《あそ》び。一年中《いちねんじゅう》できるが、春《はる》の光《ひかり》を受《う》けて、きらきらうかぶようすは、春《はる》の「のどかさ（↓44ページ）」を感《かん》じさせてくれる。

しゃぼん玉《だま》思《おも》いをこめてふくらます

小五《しょうご》　愛美

風車《かざぐるま》

三

風《かぜ》を受《う》けて回《まわ》るおもちゃ。中国《ちゅうごく》から伝《つた》わり、春《はる》の初《はじ》めに多《おお》くつくられたといわれている。平安時代《へいあんじだい》から、子《こ》どもたちに楽《たの》しまれていた。

風車《かざぐるま》まわしてまわして母《はは》を待《ま》つ

小五《しょうご》　ひなた

たこ

三

細《ほそ》い竹《たけ》などでつくった骨組《ほねぐ》みに紙《かみ》を張《は》り、糸《いと》をつけて風《かぜ》で高《たか》くあげて遊《あそ》ぶもの。たこあげは、江戸《えど》で大《だい》流行《りゅうこう》し、そのころは、「いか」や「いかのぼり」とよばれていた。しかし、いかのぼりの事故《じこ》が多《おお》くなり、幕府《ばくふ》がいかのぼりを禁止《きんし》すると、人《ひと》びとは「これはいかではなくたこだ」とへりくつをいって遊《あそ》び続《つづ》けたことで名前《なまえ》が「たこ」になったといわれている。

こんな季語《きご》もあるよ

いか　いかのぼり　たこの糸《いと》

たこあげて心《こころ》もふんわり空《そら》の旅《たび》　小三《しょうさん》　すずめ

風船《ふうせん》

三

風船《ふうせん》には紙《かみ》でつくったものとゴムでつくったものがある。日本《にほん》でゴム製《せい》の風船《ふうせん》が売《う》られるようになったのは、明治時代《めいじじだい》の初《はじ》めごろ。五色《ごしょく》の紙《かみ》をはり合《あ》わせてつくられた紙風船《かみふうせん》が出回《でまわ》りはじめたのは、明治時代《めいじじだい》の中《なか》ごろからである。息《いき》を吹《ふ》きこむとふくらみ、手《て》でついたり飛《と》ばしたりして遊《あそ》ぶ。

こんな季語《きご》もあるよ

ゴム風船《ふうせん》　紙風船《かみふうせん》

風船《ふうせん》を手《て》ばなし気《き》づく空《そら》の色《いろ》　小五《しょうご》　すずらん

春《はる》の服《ふく》

三

春《はる》になると冬《ふゆ》の重《おも》たい服装《ふくそう》から一転《いってん》、華《はな》やかな色合《いろあ》いの服《ふく》が多《おお》くなる。身軽《みがる》になると新《あたら》しい一歩《いっぽ》を踏《ふ》み出《だ》せそうな気分《きぶん》に。なお、春着《はるぎ》というと新年《しんねん》の季語《きご》で、正月《しょうがつ》に着《き》る晴《は》れ着《ぎ》をさす。これは旧暦《きゅうれき》では一月《いちがつ》から三月《さんがつ》を春《はる》としていたからである。

こんな季語《きご》もあるよ

春《はる》セーター　春《はる》ショール　春《はる》ぼうし　春《はる》ひがさ

はなびらが名《な》ふだみたいなはるのふく

小一《しょういち》　さいころひめ

潮干《しおひ》がり

晩

潮《しお》が引《ひ》いた浜《はま》に出《で》て、貝《かい》や海《かい》そうなどをとること。現在《げんざい》の四月上旬《しがつじょうじゅん》にあたる旧暦《きゅうれき》の三月《さんがつ》三日《みっか》ごろは、潮《しお》の満《み》ち引《ひ》きの差《さ》が大《おお》きく、潮干《しおひ》がりにぴったりだといわれている。

三月《さんがつ》の四日《よっか》五日《いつか》も汐干《しおひ》かな

森川許六《もりかわきょりく》

いそ遊《あそ》び

晩

浜辺《はまべ》で遊《あそ》ぶこと。日本《にほん》のさまざまな地域《ちいき》であたたかくなった旧暦《きゅうれき》の三月三日《さんがつみっか》ごろに、いそ遊《あそ》びをする風習《ふうしゅう》があった。

磯遊《いそあそ》び海《うみ》の波《なみ》ともおにごっこ

小五《しょうご》　徳永海吏

春《はる》ごたつ

三

立春《りっしゅん》（↓56ページ）をすぎても、そのまま置《お》いてあるこたつのこと。こたつは寒《さむ》い冬《ふゆ》に欠《か》かせない暖房器具《だんぼうきぐ》だが、あたたかくなっても名残《なご》りおしく、なかなかしまうことができない。

祖母《そぼ》の家宿題《いえしゅくだい》はかどる春《はる》ごたつ

小五《しょうご》　れお

春眠《しゅんみん》

三

春《はる》のここちよい眠《ねむ》りのこと。春《はる》はあたたかさや、のんびりしたふんいきが気持《きも》ちよく、どの時間《じかん》も眠《ねむ》たくなる。

こんな季語《きご》もあるよ

春眠《はるねむ》し　朝寝《あさね》

春眠《しゅんみん》や顔面強打五時間目《がんめんきょうだごじかんめ》

小六《しょうろく》　怠け者

彼岸《ひがん》

仲

春分《しゅんぶん》（↓56ページ）の日《ひ》を真《ま》ん中《なか》の日《ひ》にして、その前後三日間《ぜんごみっかかん》を合《あ》わせた七日間《なのかかん》のこと。この期間《きかん》に墓参《はかまい》りに行《い》くこともある。秋《あき》にも彼岸《ひがん》はあるが、俳句《はいく》では「彼岸《ひがん》」といえば春《はる》の彼岸《ひがん》のこと。お彼岸《ひがん》という言《い》い方《かた》をすることも多《おお》い。

毎年《まいとし》よ彼岸《ひがん》の入《いり》に寒《さむ》いのは

正岡子規《まさおかしき》

八十八夜《はちじゅうはちや》

晩

立春《りっしゅん》（↓56ページ）から数《かぞ》えて、八十八日目《はちじゅうはちにちめ》の五月二日《ごがつふつか》ごろのこと。八十八夜《はちじゅうはちや》の別《わか》れ霜《じも》（↓51ページ）といって霜《しも》が降《お》りなくなるころで、種《たね》まきや茶《ちゃ》つみにぴったりの時季《じき》だとされている。

いつ帰《かえ》ろケンカした日《ひ》は
八十八夜《はちじゅうはちや》

小四《しょうよん》　かいと

茶《ちゃ》つみ

晩

茶《ちゃ》の新芽《しんめ》や葉《は》をつみ取《と》ること。その年《とし》の最初《さいしょ》につみ取《と》られたお茶《ちゃ》は「一番茶《いちばんちゃ》」とよばれ、もっとも質《しつ》がよいとされる。

祖母《そぼ》の背《せ》で寝《ね》ながら聞《き》いた
茶《ちゃ》つみうた

中三《ちゅうさん》　あおい

種《たね》まき

晩

種《たね》をまいて育《そだ》てる植物《しょくぶつ》はさまざまあるが、「種《たね》まき」とだけいうと、俳句《はいく》では稲《いね》の種《たね》をまくことを指《さ》す。八十八夜《はちじゅうはちや》ごろにおこなう。

種《たね》をまく優《やさ》しい父《ちち》の大《おお》きな手《て》

小六《しょうろく》　あさひ

たがやす

三

田《た》んぼや畑《はたけ》に、種《たね》をまいたり苗《なえ》を植《う》えつけたりする前《まえ》に、土《つち》をやわらかくほぐすこと。もともとは、田返《たがえ》しの意味《いみ》で田《た》んぼに使《つか》われていた。

弟《おとうと》と畑《はたけ》たがやし仲直《なかなお》り

小六《しょうろく》　むらさき

春泥《しゅんでい》

三

春《はる》の、雨《あめ》や雪《ゆき》どけによるぬかるみのこと。道《みち》や公園《こうえん》など、さまざまなところにできる。現在《げんざい》は、コンクリートの道《みち》が増《ふ》えてどろだらけの道《みち》を苦労《くろう》して歩《ある》くことも少《すく》なくなっている。

公園《こうえん》にカレーみたいな春《はる》の泥《どろ》

小一《しょういち》　にこ

花粉症《かふんしょう》

三

花粉《かふん》に対《たい》するアレルギーによっておこるくしゃみや鼻水《はなみず》、目《め》のかゆみなどの症状《しょうじょう》。とくに、杉林《すぎばやし》の多《おお》い日本《にほん》では、杉花粉《すぎかふん》を原因《げんいん》とする患者《かんじゃ》が多《おお》い。春《はる》になると、テレビやインターネットで花粉情報《かふんじょうほう》が出《だ》されている。

おはようと杉《すぎ》をにらんで花粉症《かふんしょう》

中一《ちゅういち》　みちる

白魚《しらうお》

初

生《い》きているときは半《はん》とうめいだが、ゆでたり蒸《む》したりすると白《しろ》くなる、小《ちい》さな魚《さかな》。春《はる》になると、たまごを産《う》むために川《かわ》をのぼってくる。

白魚《しらうお》や椀《わん》の中《なか》にも角田川《すみだがわ》
正岡子規《まさおかしき》

ほうれん草《そう》

初

ビタミンC《シー》や鉄分《てつぶん》を多《おお》く含《ふく》む栄養《えいよう》たっぷりの野菜《やさい》。江戸時《えどじ》代《だい》に中国《ちゅうごく》から日本《にほん》に伝《つた》わったほうれん草《そう》は、秋《あき》に種《たね》をまき春《はる》に収穫《しゅうかく》する。

きゅうしょくのほうれん草《そう》は春《はる》の味《あじ》
小二《しょうに》　すみれ

ほたるいか

晩

身《み》の危険《きけん》を感《かん》じたときなどにほたるのように青白《あおじろ》く光《ひか》るいか。春《はる》から初夏《しょか》にかけてが旬《しゅん》とされる。光《ひか》りながら群《む》れになって海《うみ》をただよう様子《ようす》は美《うつく》しい。

春《はる》の夜《よる》浮《う》かび上《あ》がるホタルイカ
小四《しょうよん》　愛夏

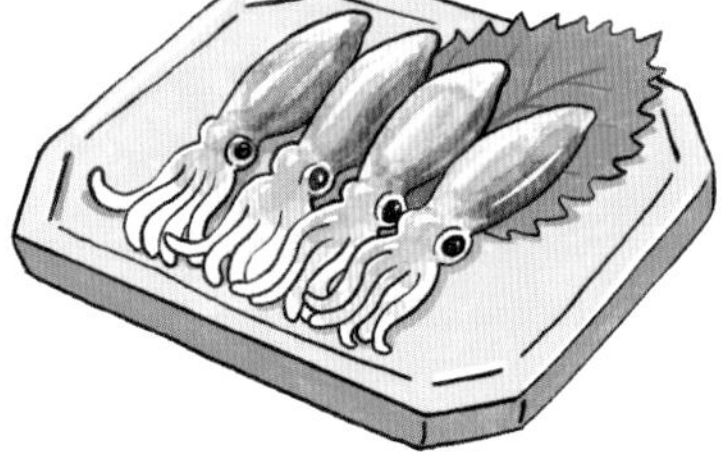

アスパラガス

晩

緑色《みどりいろ》、または白色《しろいろ》をした茎《くき》を食《た》べる、春《はる》が旬《しゅん》の野菜《やさい》。ヨーロッパでは、紀元前《きげんぜん》から栽培《さいばい》されていた。ホワイトアスパラガスは、日《ひ》が当《あ》たらないように育《そだ》てたもの。

アスパラガスおばあちゃんにあいたいな
小一《しょういち》　みどりのひと

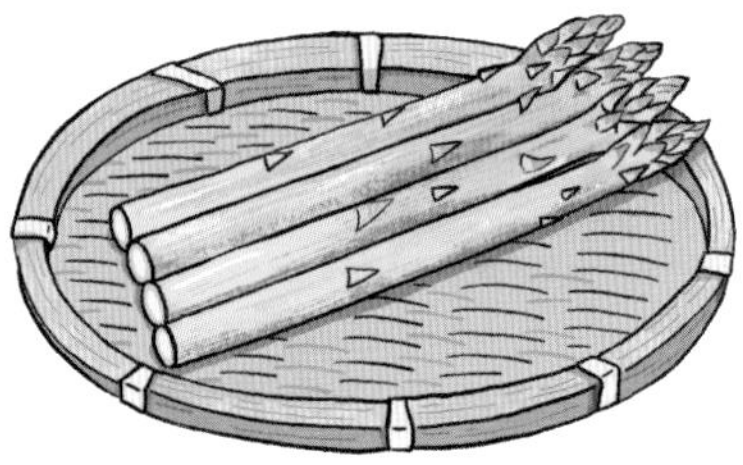

しらすぼし

三

いわしの幼魚《ようぎょ》を塩水《しおみず》でゆでて干《ほ》したもの。春《はる》にとれるものがとくにおいしいとされる。ごはんにのせたり、いためものに入《い》れたりして食《た》べる。

こんな季語《きご》もあるよ

ちりめんじゃこ　ちりめん

しらすぼし海《うみ》の香《かお》りをもぐもぐもぐ

小四《しょうよん》　晃太

わかめ

三

日本人《にほんじん》に古《ふる》くから食《た》べられてきた春《はる》が旬《しゅん》の海《かい》そう。日本各《にほんかく》地《ち》の海岸《かいがん》で育《そだ》つ。茶色《ちゃいろ》だが、ゆでると鮮《あざ》やかな緑色《みどりいろ》になる。

こんな季語《きご》もあるよ

わかめ汁《じる》

わかめ汁《じる》こころポカポカママのまほう

小一《しょういち》　ぴーちゃん

あさり

三

日本各地《にほんかくち》でよくとれる、二《に》センチほどの二枚貝《にまいがい》。春《はる》と秋《あき》に旬《しゅん》をむかえる。貝《かい》がらのもようは、同《おな》じものがないといわれるほどさまざま。

こんな季語《きご》もあるよ

あさり汁《じる》　しじみ　はまぐり

あさりたち貝《かい》の中《なか》でなにするの

小二《しょうに》　春はいいくん

のり

初

海《うみ》の岩《いわ》などにつく海《かい》そう。採《さい》取時期《しゅじき》が春《はる》ごろのため、春《はる》の季語《きご》になっている。おにぎりに使《つか》われたり、ざるそばにかけられたり、日本《にほん》の食卓《しょくたく》にはかかせない。

おにぎりののりの大《おお》きさぼくの愛《あい》

中一《ちゅういち》　かいせい

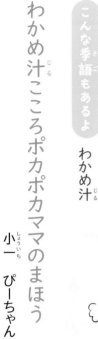

よもぎもち

晩

よもぎ（↓31ページ）をつきこんだおもちのこと。春《はる》に生《は》えたばかりのよもぎは、やわらかくてよいかおりがする。昔《むかし》はこの香《かお》りに悪《わる》い気《き》や病気《びょうき》をはらう力《ちから》があると考《かんが》えられていた。

こんな季語《きご》もあるよ

草《くさ》もち　草《くさ》だんご

草餅《くさもち》の柔《やわ》らかければ母恋《ははこい》し

川端茅舎《かわばたぼうしゃ》

桜《さくら》もち

晩

塩漬《しおづ》けした桜《さくら》の葉《は》で皮《かわ》とあんをつつんだ和菓子《わがし》。関東《かんとう》では、こむぎこでつくった皮《かわ》であんこをつつみ、関西《かんさい》では、もち米《ごめ》でつくった皮《かわ》であんこをつつむ。

さくらもちはっぱでつかんでおすそわけ

小四《しょうよん》　斗雁

わらびもち

初

春《はる》、野山《のやま》に萌《も》え始《はじ》める「わらび」という植物《しょくぶつ》の根《ね》からつくられる粉《こな》をきじにしたおもち。きなこをまぶしたり、黒蜜《くろみつ》をかけたりして食《た》べる。

おみやげは京都《きょうと》の香《かお》りわらびもち

中三《ちゅうさん》　つばさ

みんなの俳句

風《かぜ》光《ひか》る南《みなみ》をむいてしんこきゅう
小二《しょうに》　聴千星

春《はる》一番《いちばん》私《わたし》のスカートめくれちゃう
小二《しょうに》　すみれ

しゃぼん玉《だま》春風《はるかぜ》に乗《の》りどこまでも
小四《しょうよん》　蛍

また会《あ》おうにじんだ桜《さくら》手《て》のひらに
小四《しょうよん》　燈白

あるのかな去年《きょねん》なかったつばめの巣《す》
小四《しょうよん》　山森圭奏

夏井《なつい》いつきの

俳《はい》句《く》教《きょう》室《しつ》②

ほうれん草《そう》いっぱい食《た》べて好《す》きになる

小三《しょうさん》　かなん

ここがすてき！

食卓《しょくたく》でよく見《み》かける「ほうれん草《そう》」ですが、じつは春《はる》の季語《きご》なのです。栄養《えいよう》がいっぱいあることでよく知《し》られる緑黄色《りょくおうしょく》野菜《やさい》のひとつですが、好《す》ききらいがわかれる野菜《やさい》ですね。

この句《く》の下五《しもご》の「好《す》きになる」を考《かんが》えると、作者《さくしゃ》はほうれん草《そう》がきらいだったのかもしれませんね。旬《しゅん》のほうれん草《そう》をいっぱい食《た》べておいしさに目覚《めざ》め、やっと好《す》きになったのでしょう。

もっとよくするには…

俳句《はいく》としてさらにステップアップを考《かんが》えるなら、「ほうれん草《そう》いっぱい食《た》べて」↓元気《げんき》になる↓「〇〇ができるようになる」と、発想《はっそう》を飛《と》ばしていくと、グンと面白《おもしろ》くなっていきます。自分《じぶん》ができるようになりたいことを、下五《しもご》に入《い》れてみましょう。

「逆上《さかあ》がり」「百点《ひゃくてん》を」「ヒーローに」など、いろいろ考《かんが》えてみてね。

食《た》べた後《あと》に
発想《はっそう》を飛《と》ばそう

できるように
なりたいことは？

・逆上《さかあ》がり
・百点《ひゃくてん》を
・ヒーローに

こうしてみよう

ほうれん草《そう》いっぱい食《た》べて〇〇〇〇〇

3章《しょう》 生《い》きもの

花《はな》

晩

俳句《はいく》で花《はな》といえば桜《さくら》のこと。春《はる》のおとずれとともに日本各地《にほんかくち》で、うすピンクや白《しろ》い花《はな》を咲《さ》かせる。「花《はな》見《み》」や「花冷《はなび》え（↓43ページ）」などの季語《きご》の「花《はな》」もすべて桜《さくら》を指《さ》す。

こんな季語《きご》もあるよ

花盛《はなざか》り　花《はな》の雲《くも》　花《はな》の香《か》　花《はな》の山《やま》　花便《はなだよ》り　春花《はるばな》

花《はな》の下《した》泣《な》いてるあの子《こ》はだれだろな

小五《しょうご》　黒宮夜瑠

桜《さくら》

晩

日本《にほん》の国花《こっか》。桜《さくら》が街《まち》を染《そ》めると春《はる》が来《き》た喜《よろこ》びで心《こころ》がいっぱいになる。満開《まんかい》に咲《さ》きみだれ、あっという間《ま》に散《ち》ってしまう姿《すがた》も美《うつく》しい。春《はる》になるとニュースで開花予想《かいかよそう》が発表《はっぴょう》されるなど、多《おお》くの人《ひと》が桜《さくら》の季節《きせつ》を待《ま》ちわびている。

アスファルト桜《さくら》の花《はな》の化粧《けしょう》済《ず》み

小六《しょうろく》　宇治かおる

花見《はなみ》

晩

桜《さくら》の花《はな》をながめること。家族《かぞく》や友《とも》だちと桜《さくら》の木《き》の下《した》で、おしゃべりをしたり、お弁当《べんとう》やおかしを食《た》べたりして楽《たの》しむ。

こんな季語《きご》もあるよ

お花見《はなみ》　花見客《はなみきゃく》

花《はな》びらのじゅうたんひいてお花見《はなみ》だ

小五《しょうご》　クロ

花《はな》づかれ

晩

花見《はなみ》に出《で》かけたあと、つかれること。美《うつく》しい風景《ふうけい》や、友《とも》だちや家族《かぞく》とすごした時間《じかん》が思《おも》い出《だ》されて、このつかれさえ楽《たの》しく思《おも》える。

花《はな》づかれ姉《あね》はおもちを食《た》べづかれ

中三《ちゅうさん》　おねえちゃんこ

初《はつ》桜《ざくら》

仲

その年《とし》に初《はじ》めて咲《さ》いた桜《さくら》のこと。桜《さくら》の開花《かいか》は、古《ふる》くから心待《こころま》ちにされ、多《おお》くの俳句《はいく》でその喜《よろこ》びを詠《よ》まれている。

こんな季語《きご》もあるよ

初花《はつはな》

初桜《はつざくら》家族《かぞく》の笑顔《えがお》ありがとう

小四《しょうよん》　みお

花《はな》吹《ふ》雪《ぶき》

晩

まるで大雪《おおゆき》がふっているかのように、桜《さくら》の花《はな》びらがひらひらと散《ち》り落《お》ちてくること。

こんな季語《きご》もあるよ

桜吹雪《さくらふぶき》　散《ち》る桜《さくら》　落花《らっか》　散《ち》る花《はな》　花散《はなち》る

思《おも》い出《で》の通学路《つうがくろ》では花吹雪《はなふぶき》

小六《しょうろく》　小鍛治あいり

夜《よ》桜《ざくら》

晩

夜《よる》に見《み》る桜《さくら》のこと。桜《さくら》の木《き》を光《ひかり》で照《て》らすと、夜空《よぞら》に華《はな》やかな花《はな》がうかびあがり、昼間《ひるま》とはちがったふんいきになる。

こんな季語《きご》もあるよ

朝桜《あさざくら》

夜桜《よざくら》や明《あ》かりがいらない夜《よる》の道《みち》

小四《しょうよん》　ツバキ

たんぽぽ

三

黄《き》色《いろ》く太陽《たいよう》のような形《かたち》をしている花《はな》。花《はな》が終《お》わるとわた毛《げ》になり、風《かぜ》に乗《の》って遠《とお》くまで飛《と》んでいく。わた毛《げ》には種《たね》がついている。

たんぽぽも大《おお》きくなったら一人旅《ひとりたび》

小六《しょうろく》　八谷健太郎

クローバー

晩

白《しろ》い花《はな》を咲《さ》かせるヨーロッパ原産《げんさん》の多年草《たねんそう》。なかでも四《よ》つ葉《ば》のクローバーは幸運《こううん》のしるしとされている。

こんな季語《きご》もあるよ

うまごやし（の花《はな》）　白《しろ》つめ草《くさ》

クローバー三《みつ》つのハートさいてる

中一《ちゅういち》　天達弥雪

菜《な》の花《はな》

晩

あぶら菜《な》の花《はな》で、黄色《きいろ》い小《ちい》さな花《はな》をたくさんつける。一面《いちめん》黄色《きいろ》にそまった菜《な》の花畑《はなばたけ》は、春《はる》の代表的《だいひょうてき》な風景《ふうけい》。種《たね》からは油《あぶら》をとることができ、つぼみや葉《は》や茎《くき》は食《た》べられる。

こんな季語《きご》もあるよ

菜種《なたね》の花《はな》　あぶら菜《な》　あぶら菜《な》の花《はな》

菜《な》の花《はな》と同《おな》じ黄色《きいろ》のスニーカー

小五《しょうご》　川口ひな

すみれ

三

こいむらさき色《いろ》や白色《しろいろ》の小《ちい》さい花《はな》を咲《さ》かせる。花《はな》はラッパのような形《かたち》をしていて、うつむくように下《した》を向《む》いている。野山《のやま》や道《みち》ばたにひっそりと咲《さ》く姿《すがた》が印象的《いんしょうてき》。

菫《すみれ》ほどな小《ちい》さき人《ひと》に生《う》まれたし

夏目漱石《なつめそうせき》

チューリップ

晩

オランダで品種改良《ひんしゅかいりょう》され、日《に》本《ほん》に江戸時代《えどじだい》の終《お》わりごろに伝《つた》わってきた観賞用《かんしょうよう》の花《はな》。赤《あか》、白《しろ》、黄色《きいろ》のほかにも、むらさき色《いろ》やピンクなどさまざまな色《いろ》の花《はな》がある。

チューリップおとぎの国《くに》に来《き》たみたい

小三《しょうさん》 いちご

スイートピー

晩

ちょうちょうのような形《かたち》のひらひらしたあわい色《いろ》の花《はな》。花《はな》はとてもあまいかおりがする。

スイートピーにおいにつられ遊園地《ゆうえんち》

小一《しょういち》 まりえ

ヒヤシンス

晩

葉《は》にはあつみがあり、つりがね形《がた》の小《ちい》さな花《はな》が茎《くき》のまわりにたくさん集《あつ》まって咲《さ》く。花《か》だんや植木《うえき》ばちに植《う》える方法《ほうほう》のほかにも、土《つち》を使《つか》わずに水《みず》だけで育《そだ》てることもできる。

ヒヤシンスその色《いろ》だれが作《つく》ったの

小四《しょうよん》 ツバキ

はこべ
三

地面《じめん》をはうように茎《くき》や葉《は》をのばし、小《ちい》さな白《しろ》い花《はな》を咲《さ》かせる。春《はる》の七草《ななくさ》のひとつで、一《いち》月七日《がつなのか》に七草《ななくさ》がゆにして食《た》べる。

こんな季語《きご》もあるよ
はこべ草《ぐさ》　はこべら

帰《かえ》り道《みち》はこべと一緒《いっしょ》に雨《あま》やどり
小四《しょうよん》　いと

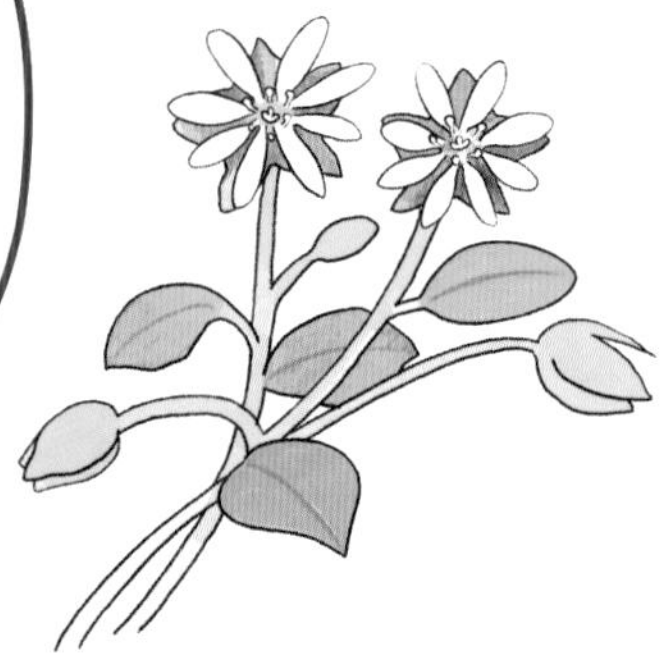

せり
三

田《た》んぼや池《いけ》のまわりなど、水《みず》の多《おお》いしめったところによく生《は》えている草《くさ》。春《はる》の七草《ななくさ》のひとつ。『万葉集《まんようしゅう》』などにも詠《よ》まれ、昔《むかし》から日本《にほん》の文化《ぶんか》に根《ね》づいている。

雨《あめ》に友《とも》あり八百屋《やおや》に芹《せり》を求《もと》めける
正岡子規《まさおかしき》

いぬふぐり
初

春《はる》の初《はじ》めに、道《みち》ばたや草原《そうげん》で小《ちい》さな花《はな》を咲《さ》かせる。小《ちい》さくても、厳《きび》しい冬《ふゆ》を乗《の》りこえる、じょうぶでたくましい植物《しょくぶつ》。

イヌフグリ小《ちい》さなむらさきみぃつけた
小四《しょうよん》　蛍

つくし
仲

スギナというシダ植物《しょくぶつ》の胞子《ほうし》茎《けい》。日当《ひあ》たりのいい土手《どて》やあぜ道《みち》に生《は》える。見《み》た目《め》が筆《ふで》のような形《かたち》なので、漢字《かんじ》では「土筆《つくし》」と書《か》く。春《はる》の山菜《さんさい》として食用《しょくよう》でも親《した》しまれている。

こんな季語《きご》もあるよ
つくしんぼ　つくしつみ

さんかん日《び》つくしがぴんと立《た》っている
小二《しょうに》　山下裕也

よもぎ　三

葉《は》は羽状《はねじょう》に深《ふか》く切《き》れこみがあり、裏側《うらがわ》には白《しろ》い綿毛《わたげ》が生《は》えている。よい香《かお》りがするのでよもぎもち（→22ページ）にして食《た》べたり、お灸《きゅう》に使《つか》ったりする。

土手《どて》に咲《さ》くよもぎ抱《かか》えて祖母《そぼ》の家《いえ》

中一《ちゅういち》　梅田あおい

若草《わかくさ》　仲

春《はる》になって芽《め》を出《だ》したばかりの草《くさ》のこと。よもぎやせりなど食《た》べられるものも多《おお》い。葉《は》のみずみずしい色《いろ》や香《かお》り、やわらかさが感《かん》じられる言葉《ことば》。

若草《わかくさ》をつんであの子《こ》におすそわけ

小六《しょうろく》　はると

ふきのとう　初

ふきの花《はな》のつぼみのこと。早春《そうしゅん》（→42ページ）の雪《ゆき》がとけ始《はじ》めるころに、土《つち》の中《なか》から、ひょっこり顔《かお》を出《だ》す。花《はな》が咲《さ》く前《まえ》のつぼみをつんで、てんぷらやあえものにして食《た》べる。

てんぷらではるをかんじるふきのとう

小一《しょういち》　ケイリオ

山吹《やまぶき》　晩

春《はる》の終《お》わりに若葉《わかば》を出《だ》し、黄《き》色《いろ》の花《はな》を咲《さ》かせる花《はな》。枝《えだ》が細《ほそ》くしなやかなので、風《かぜ》に吹《ふ》かれて散《ち》ってしまいやすいが、その様子《ようす》も楽《たの》しまれ、昔《むかし》から多《おお》くの歌《うた》に詠《よ》まれてきた。

ほろほろと山吹《やまぶき》ちるか滝《たき》の音《おと》

松尾芭蕉《まつおばしょう》

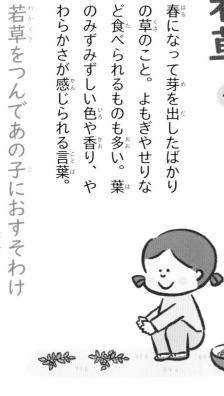

じんちょうげ

仲

鮮《あざ》やかなにおいで、春《はる》のおとずれを告《つ》げる花《はな》。低《ひく》い木《き》につやつやした葉《は》っぱと、うすピンクの星《ほし》の形《かたち》の花《はな》をたくさんつける。

沈丁花《じんちょうげ》帰《かえ》りもここで待《ま》ち合《あ》わせ

中一《ちゅういち》　こばっちょ

椿《つばき》

三

緑《みどり》のつやつやした葉《は》っぱの中《なか》にピンクや白《しろ》、赤色《あかいろ》の花《はな》を咲《さ》かせる。散《ち》るときは、花《はな》がまるごとポトンと落《お》ちる。これを落椿《おちつばき》という。

こんな季《き》語《ご》もあるよ

白椿《しろつばき》　紅椿《べにつばき》　赤椿《あかつばき》　落椿《おちつばき》　散椿《ちりつばき》

道《みち》に咲《さ》く椿《つばき》のように堂々《どうどう》と

小六《しょうろく》　とりっぴ

つつじ

晩

ちょうど桜《さくら》が散《ち》ったころ、春《はる》の終《お》わりから夏《なつ》の初《はじ》めにかけて、赤《あか》や白《しろ》などの色《いろ》の花《はな》を咲《さ》かせる。公園《こうえん》や道路《どうろ》に咲《さ》く身《み》近《ぢか》な花《はな》。

帰《かえ》り道《みち》つつじのみつすいるんるんと

小四《しょうよん》　愛夏

藤《ふじ》

晩

春《はる》の終《お》わりごろに、うすむらさきの花《はな》をしたたらせるように咲《さ》かせる。きれいな花《はな》を楽《たの》しむために、たなをつくってそこから垂《た》れ下《さ》がるように仕《し》立《た》てることも多《おお》い。

うつくしいむらさきひかるふじのはな　小一《しょういち》　すみれ

桃《もも》の花《はな》

晩

春《はる》の終《お》わりごろ、桜《さくら》や梅《うめ》よりもすこし大《おお》きくて、こいピンクの花《はな》を咲《さ》かせる。ひなまつり（↓10ページ）に欠《か》かせない、親《した》しみのある花《はな》。

ママの手《て》はばんそうこうだ桃《もも》の花《はな》　小三《しょうさん》　あらた

梅《うめ》

初

まだ寒《さむ》さの残《のこ》る、春《はる》の初《はじ》めごろには咲《さ》き始《はじ》めるので、「春告草《はるつげぐさ》」ともよばれている。どの花《はな》より先《さき》に咲《さ》くため、「花《はな》の兄《あに》」ともいう。白《しろ》やこいピンク色《いろ》の花《はな》は、とてもよい香《かお》りがする。奈良時代《ならじだい》までは、花見《はなみ》といえば梅《うめ》の花《はな》であり、『万葉集《まんようしゅう》』では、桜《さくら》よりも梅《うめ》の歌《うた》が多《おお》い。

こんな季語《きご》もあるよ

梅《うめ》の花《はな》　春告草《はるつげぐさ》　梅《うめ》が香《か》　花《はな》の兄《あに》

玄関《げんかん》の梅《うめ》の香《かお》りに遅刻《ちこく》する　小五《しょうご》　よういち

やなぎ

晩

垂《た》れた枝《えだ》がゆれる様子《ようす》はゆうがで、古《ふる》くから神聖《しんせい》な木《き》として人《ひと》びとに親《した》しまれている。はじめは黄緑色《きみどりいろ》だが、どんどん美《うつく》しい緑《みどり》になる。

学校《がっこう》の柳《やなぎ》が髪《かみ》をふりみだす

秋尾敏《あきおびん》

木《こ》の芽《め》

三

冬《ふゆ》の間《あいた》、寒《さむ》そうだった枯《か》れ木《き》にも、春《はる》になると枝《えだ》の先《さき》に小《ちい》さな芽《め》がたくさん出《で》てくる。それがだんだん緑色《みどりいろ》の葉《は》っぱに成長《せいちょう》し、にぎやかになっていく。

重《かさ》ね着《ぎ》のコートをぬがす木《こ》の芽風《めかぜ》

小四《しょうよん》　平霜

おたまじゃくし

晩

かえるの赤《あか》ちゃんのことで、「蝌蚪《かと》」ともいう。最初《さいしょ》は黒《くろ》いしゃくし（おたまやしゃもじ）のような形《かたち》だが、だんだん足《あし》が生《は》え、尾《お》が取《と》れてかえるになっていく。

おたまじゃくしいつになったらデビューする

小六《しょうろく》　山部真

かえる

三

春《はる》になると冬眠《とうみん》していたかえるたちが目覚《めざ》め、土《つち》の中《なか》から出《で》てくる。春《はる》から夏《なつ》にかけて、田《た》んぼや川《かわ》の近《ちか》くでは、「ケロケロ」と元気《げんき》に鳴《な》く声《こえ》が聞《き》こえてくる。かわずともいう。

古池《ふるいけ》や蛙《かわず》飛《と》びこむ水《みず》の音《おと》

松尾芭蕉《まつおばしょう》

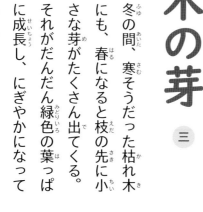

ねこの子《こ》

晩

春《はる》に生《う》まれたねこの赤《あか》ちゃんのこと。ねこは春《はる》に生《う》まれることが多《おお》いため、春《はる》の季語《きご》とされている。小《ちい》さな子《こ》ねこがじゃれあうようすは、だれが一番早《いちばんはや》く大《おお》きくなれるか、競《きそ》いあっているようにも見《み》える。

こんな季語《きご》もあるよ

こねこ　ねこの親《おや》　親《おや》ねこ

ねこの子《こ》の小《ちい》さないびき春野原《はるのはら》

小五《しょうご》　しょう

やどかり

三

まき貝《がい》のからに入《はい》って、いそなどで生活《せいかつ》している。宿《やど》を借《か》りていることからこの名前《なまえ》がついた。左右《さゆう》で大《おお》きさのちがう二《ふた》つのはさみをもっている。

やどかりはおひっこしがたいへんだ

小二《しょうに》　にこにこ

いそぎんちゃく

三

浅《あさ》い海《うみ》の岩《いわ》の近《ちか》くに住《す》んでいる生《い》きもの。きれいな色《いろ》で花《はな》のような姿《すがた》をしているが、じつは肉食《にくしょく》で、花《はな》びらのようなひらひらした触手《しょくしゅ》で小魚《こざかな》をつかまえて食《た》べる。

ふわふわと魚《さかな》のベッドいそぎんちゃく

小二《しょうに》　新せいのすけ

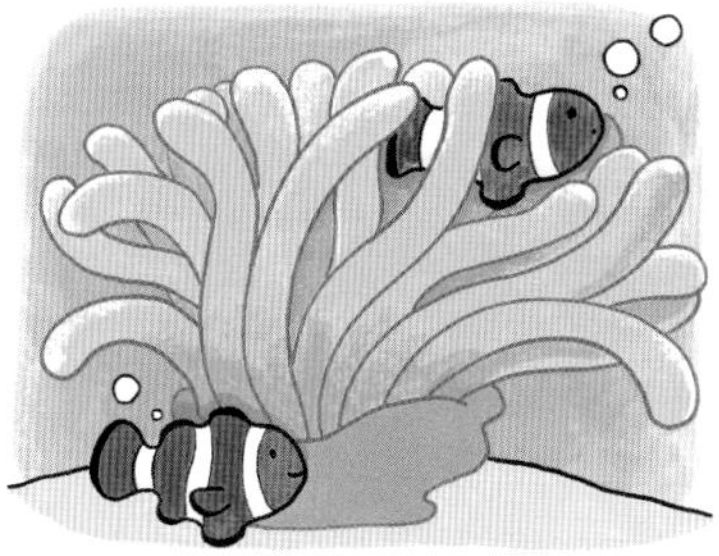

うぐいす

三

「ホーホケキョ」という声《こえ》で鳴《な》き、春《はる》の始《はじ》まりを教《おし》えてくれる鳥《とり》。梅《うめ》の花《はな》のみつを吸《す》いに来《く》る姿《すがた》がかわいらしく、昔《むかし》から「梅《うめ》にうぐいす」は、よい取《と》り合《あ》わせの代表《だいひょう》とされてきた。

こんな季語《きご》もあるよ

春告鳥《はるつげどり》　歌《うた》よみ鳥《どり》

うぐいすやはじめての友家《ともうち》に来《く》る

中一《ちゅういち》　じん

ひばり

三

木《き》の上《うえ》ではなく、麦畑《むぎばたけ》などの地上《ちじょう》に巣《す》をつくる鳥《とり》。頭《あたま》にかんむりのような羽《はね》をもっている。小《ちい》さな体《からだ》で空高《そらたか》く飛《と》び、「ピーチュル、ピーチュル」と美《うつく》しい声《こえ》でさえずる。

ひばりなくその音色《ねいろ》にて二度寝《にどね》する

小四《しょうよん》　露暇団子

つばめ

仲

春《はる》になると南《みなみ》の国《くに》からわたってくるわたり鳥《どり》。時速《じそく》二百《にひゃく》キロもの速《はや》さでまっすぐなめらかに飛《と》ぶことができる。家《いえ》の軒《のき》などに巣《す》をつくってひなを育《そだ》てる様子《ようす》が愛《あい》されてきた。

つばめはねたかくとぶのがゆめなんだ

小二《しょうに》　はなはな

きじ

三

春《はる》になると「ケーンケン」と鳴《な》く鳥《とり》。日本《にほん》の国鳥《こくちょう》にもなっている。おすは頭《あたま》が赤《あか》く、暗《くら》い緑色《みどりいろ》をした体《からだ》と長《なが》い尾《お》をもつ。

草《くさ》むらの横《よこ》にとびでるきじのはね

小四《しょうよん》　露暇団子

すずめの子《こ》

晩

すずめは、家《いえ》の軒《のき》や屋根《やね》などの身近《みぢか》なところにも巣《す》をつくる鳥《とり》。ひなは口《くち》の端《はし》が黄色《きいろ》く、羽《はね》もふわふわしている。

すずめの子声《こごえ》おいかけて花畑《はなばたけ》

小五《しょうご》　みゆりん

さえずり

三

春《はる》になると、多《おお》くの鳥《とり》たちが楽《たの》しそうに鳴《な》いている。これは恋《こい》の歌《うた》を歌《うた》っているのだ。一羽《いちわ》だけのときもあれば、大勢《おおぜい》で歌《うた》っているときもある。

通学路《つうがくろ》鳥《とり》のさえずり春《はる》の朝《あさ》

小六《しょうろく》　わか松

巣《す》立《だ》ち

晩

大《おお》きくなったひなが、巣《す》から出《で》ていくこと。ひなたちは巣《す》の中《なか》で親鳥《おやどり》からえさをもらい、飛《と》ぶための羽《はね》を生《は》やす。準備《じゅんび》ができたら、次々《つぎつぎ》と巣《す》を飛《と》び立《た》っていく。

巣《す》立《だ》つ鳥《とり》まだおぼつかない羽《はね》ゆらし

小四《しょうよん》　玲華

ちょう

三

原《はら》っぱにちょうが飛《と》んでいるのを見《み》つけると、あたたかくなってきたことを感《かん》じ、春《はる》のおとずれをうれしく思《おも》う。春《はる》になってその年初《としはじ》めて見《み》つけたちょうを初《はっ》ちょうという。

こんな季語《きご》もあるよ

ちょうちょう　もんしろちょう　初《はっ》ちょう

とび箱《ばこ》の8だん飛《と》んでちょうになる

小六《しょうろく》　菊池乃華

はち

三

春《はる》になると、花《はな》のみつや花粉《かふん》を求《もと》めて、はちが飛《と》び回《まわ》る。おしりに毒《どく》ばりがあるものもいるので刺《さ》されないように気《き》をつけて。

こんな季語《きご》もあるよ

みつばち　はちの巣《す》　はちの子《こ》

はちになり花《はな》のジュースをのみたいな

小二《しょうに》　新せいのすけ

鳥帰《とりかえ》る

仲

冬《ふゆ》の間《あいだ》に日本《にほん》にやってきたわたり鳥《どり》が、春《はる》になって北《きた》のほうに帰《かえ》っていくこと。白鳥《はくちょう》やつる、がんやかもなどが代表《だいひょう》的《てき》なわたり鳥《どり》。

鳥帰《とりかえ》る北《きた》の空《そら》に光《ひか》りつつ

小四《しょうよん》　玲華

いろんないろきれいにおどるチューリップ
小一《しょういち》　そうだい

うぐいすは一等賞《いっとうしょう》の声《こえ》をもつ
小六《しょうろく》　石毛祐典

がんばっておくれずとべよすずめの子《こ》
小二《しょうに》　窪田玲央奈

音《おと》をたてずにもんしろちょうのうんどう会《かい》
小二《しょうに》　もんしろちょう

やわらかな菜《な》の花畑《はなばたけ》たんじょう日《び》
小三《しょうさん》　いちご

夏井《なつい》いつきの

俳《はい》句《く》教《きょう》室《しつ》 ③

日曜日《にちようび》陽炎《かげろう》ながめ人《ひと》を待《ま》つ

小六《しょうろく》　ワトソン

ここがすてき！

春《はる》のうららかな日《ひ》に、地上《ちじょう》の近《ちか》くであたためられた空気《くうき》によって光《ひかり》がゆらいで見《み》えるのが「陽炎《かげろう》」です。休日《きゅうじつ》である日《にち》曜日《ようび》に、ずっと陽炎《かげろう》を見《み》ているということは、作者《さくしゃ》の心《こころ》の中《なか》にも、何《なに》か陽炎《かげろう》のようなはっきりとしないゆらぎのようなものがあるのでしょうか。人《ひと》を待《ま》ちながら、もしかすると、自分自身《じぶんじしん》の答《こた》えを探《さが》している日曜日《にちようび》なのかもしれません。

もっとよくするには…

俳句《はいく》としては、さらに情報《じょうほう》を入《い》れることができます。「ながめる」「見《み》る」などの言葉《ことば》が必要《ひつよう》なのは、特別《とくべつ》な理由《りゆう》がある場合《ばあい》。この句《く》ならば、「日曜《にちよう》の陽炎《かげろう》」と書《か》けばながめていることは分《わ》かりますね。

問題《もんだい》は後半《こうはん》。「ながめ」の三音《さんおん》をどう使《つか》うかがポイントです。「人《ひと》を待《ま》つ○○○」どこで、いつ、だれとなど、○に入《はい》る三音《さんおん》を考《かんが》えてみましょう。

こうしてみよう

日曜《にちよう》の陽炎《かげろう》人《ひと》を待《ま》つ○○○

パズルのように
三音《さんおん》を考《かんが》えよう
どんな三音《さんおん》があるだろう？

- どこ？
- いつ？
- だれと？

4章《しょう》

おてんき

早春《そうしゅん》

初

立春《りっしゅん》（↓56ページ）をむかえて間《ま》もない、春《はる》の初《はじ》めのころのこと。だいたい二月末《にがつまつ》ごろまでをいう。まだまだ寒《さむ》い時期《じき》だが、まわりをよく見《み》てみると、少《すこ》しずつ春《はる》の気配《けはい》を見《み》つけられる。

早春《そうしゅん》の夜《よる》の川辺《かわべ》で夢語《ゆめかた》る　中三《ちゅうさん》　りく

春浅《はるあさ》し

初

早春《そうしゅん》と同《おな》じ、春《はる》になってもまだ寒《さむ》さの厳《きび》しい時期《じき》のこと。早春《そうしゅん》にくらべると、ひびきがやわらかく、人間《にんげん》の感覚《かんかく》から季節《きせつ》のうつろいを表現《ひょうげん》した言葉《ことば》。

塾《じゅく》がえり肉《にく》まんわけて春浅《はるあさ》し　小六《しょうろく》　めい

余寒《よかん》

初

立春《りっしゅん》をむかえ、暦《こよみ》の上《うえ》では春《はる》になっているのに、まだ残《のこ》る寒《さむ》さのこと。秋《あき》をむかえたあとの暑《あつ》さを表《あらわ》す「残暑《ざんしょ》」に対応《たいおう》する言葉《ことば》。

余寒《よかん》かなドアを開《ひら》くとすぐ閉《と》じる　小六《しょうろく》　無名のｎｙ

春寒《はるさむ》

初

春《はる》の初《はじ》めのころの寒《さむ》さのこと。余寒《よかん》よりも春《はる》への思《おも》いが強《つよ》い。似《に》た意味《いみ》の言葉《ことば》でもそれぞれにこめられた感情《かんじょう》のちがいがある。

こんな季語《きご》もあるよ　春寒《はるさむ》し

春寒《はるさむ》のうどんに黙《だま》らせる力《ちから》　秋尾敏《あきおびん》

冴《さ》え返《かえ》る

初

春《はる》らしくあたたかくなってきたころに、また寒《さむ》さが戻《もど》ってくること。いちど、春《はる》のあたたかさを感《かん》じている分《ぶん》、よけいに寒《さむ》さが身《み》にしみる。

冴《さ》え返《かえ》り文鳥《ぶんちょう》も羽《はね》ふくらます

小六《しょうろく》　文宮鳥雄

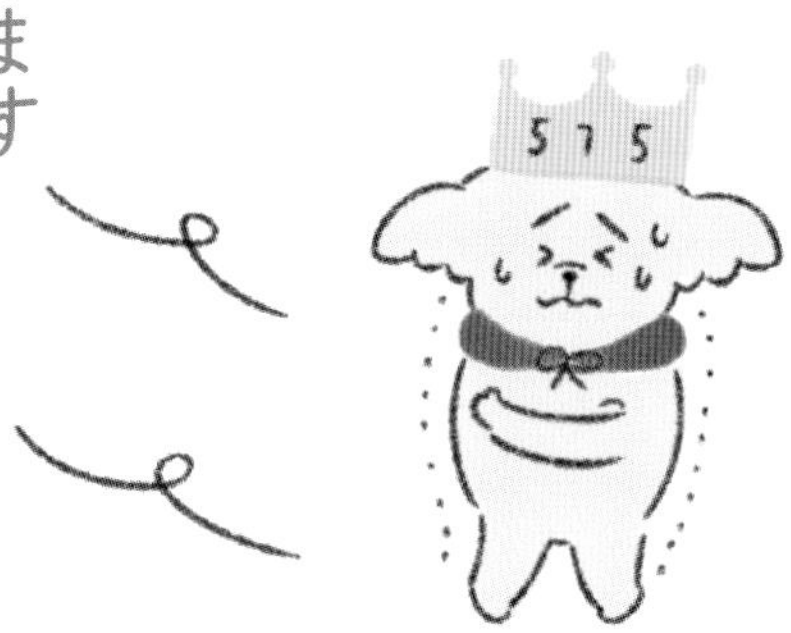

花冷《はなび》え

晩

あたたかくなってきて桜《さくら》が咲《さ》いたころ、急《きゅう》にまた冷《ひ》えこむこと。雪《ゆき》がふって桜《さくら》の花《はな》と雪《ゆき》の両方《りょうほう》を楽《たの》しめることもある。

花冷《はなび》えの朝《あさ》はさわがし手袋《てぶくろ》どこ

小五《しょうご》　寒がり菜っぱ

春《はる》めく

初

だんだんと春《はる》らしくなってくることをいう。「早《そう》春《しゅん》」や「春浅《はるあさ》し」と、時期《じき》の重《かさ》なるところもあるが、春《はる》が来《き》た喜《よろこ》びや、生《い》き生《い》きとした気持《きも》ちが感《かん》じられる言葉《ことば》。

昨日《きのう》より春《はる》めく景色《けしき》に目《め》を向《む》ける

小四《しょうよん》　璃穂

あたたか　（三）

気持《きも》ちのよいぬくもりを感《かん》じる、すごしやすい気温《きおん》のこと。寒《さむ》い冬《ふゆ》をこえてほっとするような感《かん》じもある。はだで感《かん》じる温度《おんど》だけでなく、気持《きも》ちのあたたかさも表《あらわ》している。

あたたかな風《かぜ》はつぼみをノックする

中二《ちゅうに》　赤坂優李亜

のどか　（三）

春《はる》の日差《ひざ》しの中《なか》、のんびりと落《お》ち着《つ》いたような感《かん》じがすること。気持《きも》ちが落《お》ち着《つ》いていることや、時間《じかん》がゆっくりと感《かん》じられることをいう。

のどかな日家《ひいえ》に忘《わす》れ物《もの》遅刻《ちこく》かな

小六《しょうろく》　ライト

うららか　（三）

春《はる》の光《ひかり》がやさしく、照《て》っていて、晴《は》れ晴《ば》れとした明《あか》るいようす。あたたかい春《はる》の日差《ひざ》しのもとで、空《そら》や町《まち》、野原《のはら》など、目《め》に映《うつ》るものが全部《ぜんぶ》、明《あか》るく光《ひか》って見《み》えるような気《き》がする。

うららかな朝《あさ》はスキップ月曜日《げつようび》

小六《しょうろく》　さち

遅日《ちじつ》　（三）

春《はる》の日《ひ》が長《なが》いこと。昼《ひる》の時間《じかん》が短《みじか》かった冬《ふゆ》のあとなので、夕暮《ゆうぐ》れをよけいにおそく感《かん》じる。

こんな季語《きご》もあるよ

遅《おそ》き日《ひ》　暮《く》れ遅《おそ》し　夕永《ゆうなが》し　日永《ひなが》　長《なが》き日《ひ》

遅日《ちじつ》なりのんびり文鳥《ぶんちょう》羽《はね》手入《てい》れ

小六《しょうろく》　文宮鳥雄

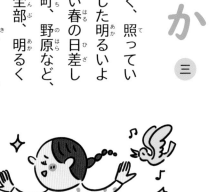

行《ゆ》く春《はる》

晩

終《お》わりつつある春《はる》のこと。単《たん》に春《はる》の終《お》わりをいうだけでなく、春《はる》が終《お》わるのが惜《お》しいという、切《せつ》ない気持《きも》ちもふくまれている。

こんな季語《きご》もあるよ

春行《はるゆ》く　春《はる》の行方《ゆくえ》　春惜《はるお》しむ

ランドセル背中《せなか》の温《ぬく》もり行《ゆ》く春《はる》や

小六《しょうろく》　新・中島慎之介

夏《なつ》近《ちか》し

晩

夏《なつ》の始《はじ》まりである立夏《りっか》（↓3巻《かん》56ページ）の直前《ちょくぜん》のころ。空《そら》や日差《ひざ》しの色《いろ》、草木《くさき》の様子《ようす》から、夏《なつ》のおとずれを感《かん》じる。

シャーペンのしんがからっぽ夏近《なつちか》し

小六《しょうろく》　シュナイザー

陽炎《かげろう》

三

日光《にっこう》が照《て》りつけた地面《じめん》から、ゆらゆらと空気《くうき》が立《た》ち上《あ》がる現象《げんしょう》。遠《とお》くの景色《けしき》などがゆれて見《み》える。夏《なつ》にも見《み》られるが、春《はる》ののどかな感《かん》じが合《あ》っているので、春《はる》の季語《きご》になっている。

ちらちらと陽炎《かげろう》立《た》ちぬ猫《ねこ》の塚《つか》

夏目漱石《なつめそうせき》

蜃気楼《しんきろう》

晩

遠《とお》くの景色《けしき》が浮《う》かび上《あ》がって見《み》えたり、近《ちか》くに見《み》えたりする現象《げんしょう》のこと。海面《かいめん》や地面《じめん》の近《ちか》くの空気《くうき》の温度差《おんどさ》により、光《ひかり》の曲《ま》がり方《かた》が変《か》わることで起《お》こるとされている。

珊瑚《さんご》つむ船《ふね》の行方《ゆくえ》や蜃気楼《しんきろう》

松瀬青々《まつせせいせい》

春《はる》の朝《あさ》

三

寒《さむ》くてなかなかふとんから出《で》られない冬《ふゆ》の朝《あさ》とちがい、春《はる》の朝《あさ》はあたたかい。今日《きょう》はどこに出《で》かけようかなと考《かんが》えるとわくわくする。

窓《まど》をあけねこにあいさつ春《はる》の朝《あさ》

小三《しょうさん》　まるこ

春《はる》の海《うみ》

三

春《はる》のおだやかな海《うみ》。やわらかい日《ひ》の光《ひかり》を受《う》けて、波《なみ》がきらきらかがやいて見《み》える。海風《うみかぜ》もここちよく、のんびりした様子《ようす》。

春《はる》の海《うみ》終日《ひねもす》のたりのたりかな

与謝蕪村《よさぶそん》

春《はる》の空《そら》

三

うららかな春《はる》の空《そら》のこと。空気《くうき》が水《みず》をふくみ、ほんのりぼやけて見《み》えることもある。太陽《たいよう》や月《つき》の光《ひかり》がやわらかく感《かん》じられる。

こんな季語《きご》もあるよ

春空《はるぞら》　春天《しゅんてん》

春《はる》の空《そら》ピンクが少《すこ》しまじってる

小六《しょうろく》　藤村梨奈

春《はる》の雷《らい》　三

春《はる》に鳴《な》る雷《かみなり》。夏《なつ》の雷《かみなり》のような激《はげ》しさはない。単《たん》に「雷《かみなり》」だと夏《なつ》の季語《きご》になる。

こんな季《き》語《ご》もあるよ　春雷《しゅんらい》

ねぼうして母《はは》がどなると春雷《しゅんらい》す

小五《しょうご》　みずき

花《はな》曇《ぐも》り　晩

桜《さくら》が咲《さ》くころのくもり空《ぞら》のこと。冬《ふゆ》のどんよりとしたくもり空《ぞら》とくらべると、春《はる》の明《あか》るさも感《かん》じられる空《そら》もようだ。

ゴミ袋《ぶくろ》ぽつんと一《ひと》つ花曇《はなぐも》り

小六《しょうろく》　池西俊子

春《はる》の雨《あめ》　三

春《はる》は雨《あめ》の日《ひ》が多《おお》くなる。あたたかくなってきたのにと残念《ざんねん》な気持《きも》ちになるが、芽《め》を出《だ》した草花《くさばな》などを育《そだ》てる大切《たいせつ》な雨《あめ》である。

こんな季《き》語《ご》もあるよ　春雨《はるさめ》　暖雨《だんう》

しとしとと静《しず》かにおちてく春《はる》の雨《あめ》

小六《しょうろく》　和沙

菜《な》種《たね》梅《づ》雨《ゆ》　晩

菜《な》の花《はな》が咲《さ》きみだれる三月《さんがつ》から四月《しがつ》ごろに降《ふ》り続《つづ》く雨《あめ》のこと。きれいに咲《さ》いた菜《な》の花《はな》に、しとしととやわらかい雨《あめ》が降《ふ》る。

菜《な》種《たね》梅《づ》雨《ゆ》黄色《きいろ》の絵《え》の具《ぐ》がふるみたい

小四《しょうよん》　もふもふ

春《はる》の風《かぜ》 三

春《はる》に吹《ふ》く、あたたかくおだやかな風《かぜ》のこと。心地《ここち》のよい春《はる》の風《かぜ》にそよそよと吹《ふ》かれて草花《くさばな》や木《き》、鳥《とり》や虫《むし》たちが喜《よろこ》んでいるように見《み》える。

こんな季語《きご》もあるよ

春風《はるかぜ》　春風《しゅんぷう》

春風《はるかぜ》が帽子《ぼうし》をさそう散歩《さんぽ》かな

中三《ちゅうさん》　尾形有生

春《はる》一番《いちばん》 仲

立春《りっしゅん》（↓56ページ）をむかえたあと、初《はじ》めて吹《ふ》く強《つよ》い南風《みなみかぜ》のこと。春《はる》のおとずれを教《おし》えてくれる風《かぜ》で、この風《かぜ》で木《こ》の芽《め》（↓34ページ）がほころぶといわれている。

こんな季語《きご》もあるよ

春二番《はるにばん》　春三番《はるさんばん》　春四番《はるよばん》

春一番風《はるいちばんかぜ》といっしょに夢《ゆめ》が来《く》る

小六《しょうろく》　樹楽

風《かぜ》光《ひか》る 三

おだやかな春《はる》の日《ひ》に、風《かぜ》がきらきらと光《ひか》りかがやいているように見《み》えること。春《はる》がやってきた喜《よろこ》びや希《き》望《ぼう》を吹《ふ》く風《かぜ》で表現《ひょうげん》した言葉《ことば》。春《はる》の「風光《かぜひか》る」に対《たい》して、夏《なつ》は「風薫《かぜかお》る」、冬《ふゆ》は「風冴《かぜさ》ゆ」と風《かぜ》のふんいきのちがいを表現《ひょうげん》する。

新《あたら》しい体《たい》そう服《ふく》着《き》て風光《かぜひか》る

小三《しょうさん》　けんと

東風《こち》

三

春《はる》に東《ひがし》から吹《ふ》く風《かぜ》。春《はる》の初《はじ》めのころ、太平洋《たいへいよう》から吹《ふ》き、春《はる》のおとずれを知《し》らせる。

こんな季語《きご》もあるよ

朝東風《あさごち》　夕東風《ゆうごち》　ひばり東風《ごち》
梅東風《うめごち》　桜東風《さくらごち》

東風《こち》ふいてパステルピンクの服《ふく》を買《か》う

小六《しょうろく》　おはな

春北風《はるきた》

三

春《はる》に低気圧《ていきあつ》の影響《えいきょう》で一時的《いちじてき》に吹《ふ》く、冷《つめ》たい北風《きたかぜ》のこと。雪《ゆき》をともなって吹《ふ》きつけ、冬《ふゆ》がもどってきたように感《かん》じる。

春北風《はるきた》やバス待《ま》つ列《れつ》の長《なが》きこと

中二《ちゅうに》　こぐま

春塵《しゅんじん》

三

春《はる》の風《かぜ》に吹《ふ》かれて舞《ま》い上《あ》がる小《ちい》さなちりやほこりのこと。視界《しかい》が悪《わる》くなるほど舞《ま》い上《あ》がることもあり、かわいた砂《すな》のにおいに春《はる》を感《かん》じる。

こんな季語《きご》もあるよ

春《はる》の塵《ちり》

春《はる》の塵《ちり》高《たか》く舞《ま》う下《した》に運動場《うんどうじょう》

小六《しょうろく》　佐藤海月

つちふる

三

中国大陸《ちゅうごくたいりく》から海《うみ》をこえてきた砂《すな》やちりが降《ふ》ってくること。「黄砂《こうさ》」ともいう。遠《とお》くが黄色《きいろ》くかすみがかって見《み》えたり、地面《じめん》が黄色《きいろ》くなったりする。

こんな季語《きご》もあるよ

つちぐもり　黄砂《こうさ》

帰《かえ》り道《みち》転校《てんこう》つげられつちぐもり

小六《しょうろく》　カメレオン

春《はる》の雪《ゆき》

三

立春《りっしゅん》（↓56ページ）をすぎてから降《ふ》る雪《ゆき》のこと。あたたかくなってきたころに降《ふ》る雪《ゆき》は、少《すこ》し積《つ》もってもすぐにとけてしまう。

こんな季《き》語《ご》もあるよ

春雪《しゅんせつ》　春吹雪《はるふぶき》　ぼたん雪《ゆき》

春《はる》の雪《ゆき》タイムスリップしたのかな

小六《しょうろく》　奈月野

淡雪《あわゆき》

三

地面《じめん》に落《お》ちたらすぐに消《き》えてしまうかるい雪《ゆき》。あたたかい空気《くうき》で、とけかけの雪《ゆき》の結晶《けっしょう》がいくつも結《むす》びつくため、雪《ゆき》のひとひらが大《おお》きくなる。

こんな季《き》語《ご》もあるよ

綿雪《わたゆき》

淡雪《あわゆき》で季節《きせつ》はずれのかきごおり

小四《しょうよん》　果肉

雪解《ゆきど》け

仲

春《はる》のあたたかい日《ひ》の光《ひかり》や、雨風《あめかぜ》によって長《なが》い冬《ふゆ》の間《あいだ》に積《つ》もった雪《ゆき》がとけていくこと。かくされていた大地《だいち》が顔《かお》を出《だ》し、植物《しょくぶつ》の芽吹《めぶ》きの予感《よかん》がする。

雪《ゆき》とけて村《むら》一《いっ》ぱいの子《こ》どもかな

小林一茶《こばやしいっさ》

残雪《ざんせつ》

仲

春《はる》になっても消《き》えずに残《のこ》っている雪《ゆき》。町《まち》の中《なか》では、日《ひ》の当《あ》たらない庭《にわ》のすみや建物《たてもの》のうら、野山《のやま》では木《き》や岩《いわ》のかげに雪《ゆき》が残《のこ》る。春《はる》の日差《ひざ》しに照《て》らされて、山《やま》に残《のこ》った雪《ゆき》が光《ひか》っている様子《ようす》は美《うつく》しい。

こんな季《き》語《ご》もあるよ

雪残《ゆきのこ》る

残雪《ざんせつ》の中《なか》から顔出《かおだ》す小《ちい》さな芽《め》

小六《しょうろく》　粒林檎

別《わか》れ霜《じも》

晩

春《はる》の遅《おそ》くに降《お》りる霜《しも》のこと。四月中旬《しがつちゅうじゅん》から五月初《ごがつはじ》めの霜《しも》は農作物《のうさくもつ》に大《おお》きな被害《ひがい》を与《あた》えるため、農家《のうか》の人《ひと》から恐《おそ》れられてきた。昔《むかし》から「八十八夜《はちじゅうはちや》の別《わか》れ霜《じも》」といい、今《いま》の五月二日《ごがつふつか》ごろにあたる八十八夜《はちじゅうはちや》（↓18ページ）は、霜《しも》が降《お》りなくなる境目《さかいめ》の時期《じき》とされた。

こんな季《き》語《ご》もあるよ

忘《わす》れ霜《じも》

おばあちゃん泣《な》かしてくれるな別《わか》れ霜《じも》

小五《しょうご》　みどり

春《はる》の夜《よ》　三

おだやかでゆっくりとした時《じ》間《かん》が流《なが》れる夜《よる》。寒《さむ》い冬《ふゆ》の夜《よる》や暑《あつ》い夏《なつ》の夜《よる》などとはちがったふんいきがある。昔《むかし》から恋《こい》しい人《ひと》を思《おも》うときに詠《よ》まれてきた。

春《はる》の夜《よる》ピンクにそまるはりまざか

小二《しょうに》　すみれ

春《はる》の月《つき》　三

「月《つき》」とだけいうと秋《あき》の季語《きご》なので、「春《はる》の月《つき》」という。ぼんやりとした色《いろ》やりんかくのやわらかな姿《すがた》が印象的《いんしょうてき》。秋《あき》のような月《つき》をめでる行事《ぎょうじ》はないので、日常《にちじょう》の中《なか》でふと見《み》える月《つき》を楽《たの》しむ。

庭《にわ》にでて猫《ねこ》とあそべば春《はる》の月《つき》

小四《しょうよん》　みなと

おぼろ　三

春《はる》、空気中《くうきちゅう》に細《こま》かい水分《すいぶん》やちりなどがただよい、遠《とお》くのものがぼんやりとうるんで見《み》える現象《げんしょう》のこと。昼《ひる》はかすみとよび、夜《よる》はおぼろとよぶ。

こんな季語《きご》もあるよ　かすみ

あれこれを集《あつ》めて春《はる》は朧《おぼろ》なり

各務支考《かがみしこう》

おぼろ月《づき》　三

春《はる》の月《つき》の中《なか》でも、とくにうるんだような、全体《ぜんたい》がぼんやりした月《つき》のことをいう。秋《あき》のすみきった空《そら》にうかぶ明《あか》るい月《つき》とはちがい、ぼんやりとやわらかく光《ひか》る。

おぼろ月《づき》はずかしがらずにでておいで

小二《しょうに》　おぼろまんじゅう

みんなの俳句

東風《こち》ふいて親《おや》ばなれしたわた毛《げ》とぶ
小四《しょうよん》　藤

笑《わら》い声《ごえ》春風《はるかぜ》にのり広《ひろ》がるよ
小六《しょうろく》　粒林檎

深呼吸草《しんこきゅうくさ》のにおいに春《はる》を知《し》る
中二《ちゅうに》　佐藤賢人

つくしんぼ青空目《あおぞらめ》ざしせのびする
小六《しょうろく》　牛尾日優

春一番《はるいちばん》ぼくとかけっこきょうそうだ
小二《しょうに》　聡千星

夏《なつ》井《い》いつきの 俳《は》句《く》教《きょう》室《しつ》 ④

海《かい》がんで楽《たの》しくふいたしゃぼん玉《だま》

小四《しょうよん》 莉子

ここがすてき！

「しゃぼん玉《だま》」をふくだけの句《く》はたくさんありますが、「海《かい》がん」という場所《ばしょ》を取《と》り合《あ》わせることで、映像《えいぞう》が広《ひろ》がりました。

惜《お》しいのは「海岸《かいがん》で」「楽《たの》しく」の二点《にてん》。上五《かみご》「海《かい》がんで」の「で」が、文章《ぶんしょう》を書《か》くときの言葉《ことば》の使《つか》い方《かた》になっています。こんなときは、思《おも》い切《き》って「海《かい》がんや」と切《き》れ字《じ》を使《つか》って、詠嘆《えいたん》してみましょう。

もう一点《いってん》は、中七《なかしち》の「楽《たの》しく」が説明《せつめい》になっているのがもったいないのです。

もっとよくするには…

さあ、ここからが練習問題《れんしゅうもんだい》です。「海《かい》がんや○○○○ふいたしゃぼん玉《だま》」この○の部分《ぶぶん》を考《かんが》えてみましょう。

「一人《ひとり》で」「二人《ふたり》で」と人数《にんずう》を入《い》れるだけでも空気《くうき》が変《か》わりますね。「大《おお》きく」「すばやく」にすると、しゃぼん玉の様子《ようす》が変《か》わりますね。

俳句《はいく》は言葉《ことば》のパズル。私《わたし》ならどんな言《こと》葉《ば》を入《い》れようかと考《かんが》えてみましょう。

こうしてみよう

海《かい》がんや○○○○ふいたしゃぼん玉《だま》

新《あたら》しい情報《じょうほう》を入《い》れてみよう

どんな言葉《ことば》を入《い》れる？

- 一人《ひとり》で
- 二人《ふたり》で
- 大《おお》きく
- すばやく

5章《しょう》

おもしろい言《こと》葉《ば》

立春《りっしゅん》

初

二十四節気《にじゅうしせっき》（↓1巻《かん》）のうち、春《はる》を六《む》つに分《わ》けた一番初《いちばんはじ》めの季節《きせつ》。現在《げんざい》の二月四日《にがつよっか》ごろにあたる。まだ寒《さむ》さは厳《きび》しいが、少《すこ》しずつあたたかくなり、梅《うめ》の花《はな》も咲《さ》き始《はじ》める。

立春《りっしゅん》や新《あたら》しいくつ買《か》いに行《い》く

小五《しょうご》　しおり

雨水《うすい》

初

二十四節気《にじゅうしせっき》のうち春《はる》の二番目《にばんめ》の季節《きせつ》。現在《げんざい》の二月十九日《にがつじゅうくにち》ごろにあたる。冬《ふゆ》が終《お》わって雪《ゆき》が雨《あめ》に変《か》わり、氷《こおり》がとけて水《みず》になるという意味《いみ》があるといわれている。

校庭《こうてい》の花《はな》をおこせよ雨水《うすい》かな

小六《しょうろく》　ひかり

啓蟄《けいちつ》

仲

二十四節気《にじゅうしせっき》のうち春《はる》の三番目《さんばんめ》の季節《きせつ》。現在《げんざい》の三月六日《さんがつむいか》ごろにあたる。「啓《けい》」は開《ひら》く、「蟄《ちつ》」は土《つち》の中《なか》で冬眠《とうみん》している虫《むし》という意味《いみ》。土《つち》の中《なか》で眠《ねむ》っていた、かえるやへびが地上《ちじょう》に出《で》てくるころとされる。

犬耳《いぬみみ》を立《た》て土《つち》を嗅《か》ぐ啓蟄《けいちつ》に

高浜虚子《たかはまきょし》

春分《しゅんぶん》

仲

二十四節気《にじゅうしせっき》のうち春《はる》の四番目《よんばんめ》の季節《きせつ》。現在《げんざい》の三月二十一日《さんがつにじゅういちにち》ごろにあたる。春《はる》の半分《はんぶん》という意味《いみ》があり、ちょうど春《はる》の真《ま》ん中《なか》にあたる。昼《ひる》と夜《よる》の長《なが》さがほとんどいっしょになる。

春分《しゅんぶん》は朝《あさ》と夜《よる》がひきわけだ

小四《しょうよん》　健太郎

清明《せいめい》

晩

二十四節気《にじゅうしせっき》のうち春《はる》の五番目《ごばんめ》の季節《きせつ》。現在《げんざい》の四月五日《しがついつか》ごろにあたる。空《そら》や大地《だいち》、すべてのものが清《きよ》らかで明《あか》るく生命《せいめい》力《りょく》があふれていることをいう。

清明《せいめい》の旅《たび》の山行《やまい》く人《ひと》や誰《だれ》

松瀬青々《まつせせいせい》

穀雨《こくう》

晩

二十四節気《にじゅうしせっき》のうち春《はる》の最後《さいご》、六番目《ろくばんめ》の季節《きせつ》。現在《げんざい》の四月二十日《しがつはつか》ごろにあたる。あたたかい雨《あめ》が穀物《こくもつ》の種《たね》をうるおし、芽《め》を出《だ》させるという意味《いみ》。

教室《きょうしつ》にひとりで残《のこ》る穀雨《こくう》の午後《ごご》

中三《ちゅうさん》　はねお

山笑《やまわら》う

三

春《はる》になると山《やま》には花《はな》が咲《さ》き、鳥《とり》が歌《うた》い、のどかな景色《けしき》が広《ひろ》がる。山《やま》のそんな様子《ようす》はまるでほがらかに笑《わら》っているように思《おも》える。

山笑《やまわら》う大《おお》きな声《こえ》の駅員《えきいん》さん

中三《ちゅうさん》　猪股香月

水《みず》ぬるむ

仲

春《はる》になって水《みず》がだんだんとあたたかくなってくること。魚《さかな》などの生《い》きものもいきいきとし始《はじ》める。

転校《てんこう》しはじめての友《とも》水《みず》ぬるむ

小五《しょうご》　あゆみ

亀《かめ》鳴《な》く

三

亀《かめ》は声《こえ》を出《だ》すための声帯《せいたい》という器官《きかん》がない。しかし、昔《むかし》から鳴《な》くものと考《かんが》えられてきた。昔《むかし》の人《ひと》は春《はる》にどこからか聞《き》こえる音《おと》を「亀《かめ》の鳴《な》き声《ごえ》か？このあたたかさでは亀《かめ》も鳴《な》くだろう」と想像《そうぞう》したのだ。

亀《かめ》鳴《な》くや皆愚《みなおろ》かなる村《むら》のもの

高浜虚子《たかはまきょし》

ねこの恋《こい》

初

ねこが恋《こい》の季節《きせつ》をむかえる春《はる》、「ニャーニャー」といつもより鳴《な》くようになり、そわそわと落《お》ち着《つ》きがない。おすはごはんを食《た》べるのも忘《わす》れて相手《あいて》を探《さが》し回《まわ》る。

クラスがえねこも恋《こい》する新学期《しんがっき》

小六《しょうろく》　大森つぼみ

落《お》し角《づの》

晩

生《は》え変《か》わりのために鹿《しか》の角《つの》が落《お》ちることや落《お》ちた角《つの》のこと。角《つの》が落《お》ちると、また新《あたら》しい角《つの》が生《は》え始《はじ》め、秋《あき》になるころにはりっぱに成長《せいちょう》している。

角《つの》落《お》ちてあちら向《む》いたる男鹿《おじか》かな

正岡子規《まさおかしき》

蛇《へび》穴《あな》を出《い》づ

仲

冬《ふゆ》の間《あいだ》、土《つち》の中《なか》で冬眠《とうみん》していたへびが春《はる》になって目覚《めざ》め、地上《ちじょう》に出《で》てくること。反対《はんたい》に、「蛇穴《へびあな》に入《い》る」という秋《あき》の季《き》語《ご》もある。（↓4巻《かん》59ページ）

蛇《へび》穴《あな》を出《い》づぼくも本気《ほんき》出《だ》す

小五《しょうご》　天野音

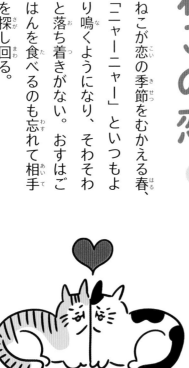

虫出《むしだ》しの雷《らい》

仲

立春《りっしゅん》（↓56ページ）のあと、はじめて鳴《な》る雷《かみなり》のこと。その音《おと》によって、眠《ねむ》っていた虫《むし》たちを目覚《めざ》めさせると考《かんが》えられている。

こんな季語《きご》もあるよ　初雷《はつらい》

初雷《はつらい》やものに驚《おどろ》く病《や》み上《あ》がり　正岡子規《まさおかしき》

蛙《かわず》の目借時《めかりどき》

晩

あたたかくなって、眠《ねむ》くなってしまうころのこと。めかるとは「妻狩《めか》る」で蛙《かえる》が相手《あいて》を求《もと》めて鳴《な》きたてることをいう。これが「目借《めか》り」になって、蛙《かえる》に目《め》を借《か》りられ、眠《ねむ》くなるという意味《いみ》になった。

体育《たいいく》あとの授業蛙《じゅぎょうかわず》の目借時《めかりどき》　小四《しょうよん》　やきいも

花盗人《はなぬすびと》

晩

あまりに桜《さくら》がきれいで、枝《えだ》を折《お》って盗《ぬす》んでしまう人《ひと》のこと。盗《ぬす》みは悪《わる》いことだが、風流《ふうりゅう》などろぼうだと考《かんが》えられていた。

問《と》ひ《（い）》たきは花盗人《はなぬすびと》のこゝ《（こ）》ろかな　井上士朗《いのうえしろう》

鳥雲《とりくも》に入《い》る

仲

冬《ふゆ》の間《あいだ》に日本《にほん》に来《き》た、わたり鳥《どり》が北《きた》の国《くに》に帰《かえ》っていくこと。群《む》れをつくって飛《と》び立《た》ち、雲《くも》のかなたへ去《さ》って見《み》えなくなる様子《ようす》を表《あらわ》す。

こんな季語《きご》もあるよ　鳥雲《とりくも》に　雲《くも》に入《い》る鳥《とり》

教科書《きょうかしょ》にらくがき雲《くも》に入《い》る鳥《とり》　小三《しょうさん》　ゆず

みんなの俳句

さえずりが山《やま》のおくではがっそうです
小二《しょうに》　排多善人

あたたかな風《かぜ》はつぼみをノックする
中二《ちゅうに》　赤坂優李亜

雪《ゆき》どけだおはようと芽《め》が顔《かお》を出《だ》す
小四《しょうよん》　煌白

春《はる》の川《かわ》希望《きぼう》と魚《さかな》が泳《およ》いでる
小六《しょうろく》　相澤健

ぼく笑《わら》い笑《わら》う姿《すがた》に山笑《やまわら》い
小六《しょうろく》　上杉凜太郎

夏井《なつい》いつきの俳《はい》句《く》教《きょう》室《しつ》⑤

帰《かえ》ろうかゆれるぶらんこいつまでも

中二《ちゅうに》　林口陽

ここがすてき！

この句の季語《きご》は、「ぶらんこ」です。「風船《ふうせん》」や「しゃぼん玉《だま》」とともに、春《はる》の季語《きご》だと知《し》っておどろく人《ひと》の多《おお》い季語《きご》のひとつです。

「ゆれるぶらんこ」をながめている場《ば》面《めん》ですね。「帰《かえ》ろうか」、それとも、帰《かえ》らずに遊《あそ》ぼうか、とゆれる心《こころ》と、ぶらんこのゆれがマッチしています。春《はる》の夕方《ゆうがた》のおぼろげな気分《きぶん》も出《で》ています。

もっとよくするには…

この句《く》の重要《じゅうよう》なポイントは、だれに向《む》かっての「帰《かえ》ろうか」という言葉《ことば》だろうという点《てん》です。具体的《ぐたいてき》なだれかかもしれませんし、ひょっとすると自分自身《じぶんじしん》へのつぶやきかもしれませんね。

「ゆれる」あるいは「いつまでも」を外《はず》して、ぶらんこに乗《の》っているのはだれか、今《いま》はだれも乗《の》っていないのかなどが分《わ》かる情報《じょうほう》を入《い》れてみましょう。

具体的《ぐたいてき》に場面《ばめん》を伝《つた》えよう

「ゆれる」「いつまでも」の三音《さんおん》〜八音分《はちおんぶん》どんな情報《じょうほう》を入《い》れる？

- だれに？
- 自分《じぶん》？
- 乗《の》っている？

考《かんが》えてみよう

外《はず》した音数分《おんすうぶん》でできることは？

さくいん

この本《ほん》で紹介《しょうかい》した春《はる》の季語《きご》を五十音順《ごじゅうおんじゅん》に並《なら》べています。

イラスト　おおたきょうこ
かたぎりあおい
キタハラケンタ
てらいまき
meppelstatt
山中正大
山本祐司

デザイン　阿部美樹子
DTP　中尾淳

校正　村井みちよ

編集協力　矢部俊彦

編集・制作　株式会社 KANADEL

協力　現代俳句協会
筑波大学附属小学校
荒川区立第一日暮里小学校
鹿児島市立中洲小学校
出水市立大川内小学校
姶良市立蒲生小学校
伊佐市立山野小学校

参考文献　『新版 角川俳句大歳時記 春』（KADOKAWA）
『読んでわかる俳句 日本の歳時記 春』（小学館）
『短歌・俳句 季語辞典』（ポプラ社）
『大辞林 第三版』（三省堂）

みんなの俳句がいっぱい！
学校歳時記 ② 春の季語

発行　2023 年 4 月　第 1 刷
監修　白坂洋一
発行者　千葉 均
編集　小林真理菜
発行所　株式会社ポプラ社
〒102-8519　東京都千代田区麹町 4-2-6
ホームページ　www.poplar.co.jp（ポプラ社）
kodomottolab.poplar.co.jp（こどもっとラボ）
印刷・製本　図書印刷株式会社

ISBN978-4-591-17642-9　N.D.C.911 ／ 63p ／ 27cm Printed in Japan

P7237002

監修
白坂洋一
1977年鹿児島県生まれ。鹿児島県公立小学校教諭を経て、2016年より筑波大学附属小学校国語科教諭。『例解学習漢字辞典』（小学館）編集委員。『例解学習ことわざ辞典』監修。全国国語授業研究会理事。「子どもの論理」で創る国語授業研究会会長。主な著書に『子どもを読書好きにするために親ができること』（小学館）等。

協力
秋尾敏
1950年埼玉県生まれ。千葉県公立中学校・教育委員会勤務を経て、1999年より軸俳句会主宰。全国俳誌協会会長、現代俳句協会副会長。評論集に『子規の近代 －滑稽・メディア・日本語－』（新曜社）、『虚子と「ホトトギス」－近代俳句のメディア』（本阿弥書店）等、句集に『ふりみだす』（本阿弥書店）等。

夏井いつき（選・鑑賞）
1957年生まれ。松山市在住。俳句集団「いつき組」組長、藍生俳句会会員。第8回俳壇賞受賞。俳句甲子園の創設にも携わる。松山市公式俳句サイト「俳句ポスト365」等選者。2015年より初代俳都松山大使。第72回日本放送協会放送文化賞受賞。句集『伊月集 鶴』、『瓢箪から人生』、『今日から一句』等著書多数。

みんなの俳句がいっぱい！

学校歳時記

全5巻

セット
N.D.C.911

監修
筑波大学附属小学校
白坂洋一

協力
現代俳句協会
秋尾敏

夏井いつき
（選・鑑賞）

1巻 俳句のつくりかた N.D.C.911

2巻 春の季語 N.D.C.911

3巻 夏の季語 N.D.C.911

4巻 秋の季語 N.D.C.911

5巻 冬・新年の季語 N.D.C.911

小学校低学年から　AB版／各63ページ
図書館用特別堅牢製本図書

季《き》語《ご》の地《ち》図《ず》

この本《ほん》で紹介《しょうかい》したおもな季語《きご》をジャンル別《べつ》にまとめました。数字《すうじ》は出《で》てくるページです。

行《ぎょう》事《じ》・生《せい》活《かつ》

地《ち》理《り》

天《てん》文《もん》